VENTE

TROUILLEBERT

1893

Monsieur TROUILLEBERT *prie*

M ____

de lui faire l'honneur de visiter l'Exposition de ses Tableaux, qui aura lieu, le Mercredi 15 Mars, à l'Hôtel Drouot, Salle nº 1, de 1 heure à 6 heures.

CONDITIONS DE LA VENTE

La vente sera faite au comptant.

Les acquéreurs payeront cinq pour cent en sus des enchères, applicables aux frais.

TABLEAUX

PAR

TROUILLEBERT

DONT LA VENTE AURA LIEU

HOTEL DROUOT

Salle No 1

LE JEUDI 16 MARS 1893

à 3 heures très précises

COMMISSAIRE-PRISEUR

Me JULES PLAÇAIS, 5, rue Hippolyte-Lebas

EXPERT

M. HENRI HARO, 14, rue Visconti et 20, rue Bonaparte

Chez lesquels on délivre le Catalogue

EXPOSITION PUBLIQUE LE MERCREDI 15 MARS

De 1 heure à 6 heures

TABLEAUX

PAR

TROUILLEBERT

1. Orientale.

H. 0.60 — L. 0.73

2. Femme se coiffant devant une Psyché.

H. 0.58 — L. 0.35

3. Endormie.

H. 0.24 — L. 0.42

4. La Vérité.

H. 0.43 — L. 0.70

5. Le Matin ; *Environs de Saumur.*

H. 0,65 — L. 0,81

6. L'Automne.

H. 0,65 — L. 0,81

7. Prairie au bord de la Seine ; *Normandie.*

H. 0,65 — L. 0,81

8. Saumur ; *Vue prise du Pont du Chemin de fer.*

H. 0,42 — L. 0,61

9. Le Rendez-vous.

H. 0,65 — L. 0,81

10. Chemin a Chambon ; *Environs de Blois.*

H. 0,55 — L. 0,46

11. Les Rosiers; *Maine-et-Loire.*

H. 0.65 — L. 0.81

12. Digue a Fresnay-sur-Sarthe.

H. 0.38 — L. 0.55

13. Pont gothique sur le Thouet, a Airvault.

H. 0.38 — L. 0.55

14. Une Rue a Candes; *Indre-et-Loire.*

H. 0.46 — L. 0.31

15. Un Coin du Port de Menton.

H. 0.33 — L. 0.26

16. Moulin sur le Thouet, a Parthenay.

H. 0.32 — L. 0.46

17. Berge au bord de la Vienne; *Indre-et-Loire*. . .

H. 0.46 — L. 0.58

18. Meules a Hermé; *Seine-et-Marne.*

H. 0.27 — L. 0.41

19. Le Moulin de Molineuf; *Loir-et-Cher.*

H. 0.46 — L. 0.31

20. La Tour des Sergents, a La Rochelle.

H. 0.32 — L. 0.41

21. Laveuses au Bord de la Loire, a Gennes.

H. 0.41 — L. 0.32

22. Le Soir; *Environs de Domfront.*

H. 0.41 — L. 0.32

23. Le Ruisseau ; *Montsoreau.*

H. 0.41 — L. 0.32

24. La Cisse, a Chambon, près Blois.

H. 0.41 — L. 0.32

25. Chemin d'Abreuvoir, a Parnay ; *Maine-et-Loire.*

H. 0.41 — L. 0.46

26. Le Chateau de Montsoreau.

H. 0.38 — L. 0.46

27. Le Pont de Gennes ; *Maine-et-Loire.*

H. 0.38 — L. 0.46

28. Jeunes Peupliers dans l'Ile de Gennes.

H. 0.46 — L. 0.32

29. Le Pont de Bois, a Chinon.

H. 0.32 — L. 0.46

30. Le Pont Fouchart, a Saumur.

H. 0.32 — L. 0.46

31. Le Cap Martin; *Menton.*

H. 0.38 — L. 0.55

32. Chemin au Bord d'un Étang; *Forêt de Compiègne.*

H. 0.41 — L. 0.32

33. Nice; *Vue prise de la Californie.*

H. 0.32 — L. 0.46

34. La Loire, a Candes.

H. 0.34 — L. 0.48

35. Queue d'Étang, en Sologne.

H. 0.46 — L. 0.55

36. Grève au Bord du Cher.

H. 0.44 — L. 0.60

37. Soleil couchant, près Saumur.

H. 0.22 — L. 0.27

38. Chapelle a la Frontière italienne; *Menton.*

H. 0.38 — L. 0.55

39. Prairie au Bord de la Sarthe, a Saint-Cénery.

H. 0.38 — L. 0.55

40. La Sarthe au Bour-neuf; *Sarthe.*

H. 0.38 — L. 0.55

41. Chateau en Ruine au Bord de la Vienne.

H. 0.55 — L. 0.46

42. Candes; *Vue prise sur la Rivière.*

H. 0.47 — L. 0.65

43. Une Digue sur la Loire, a Candes.

H. 0.50 — L. 0.65

44. Une Ruelle a Candes.

H. 0.39 — L. 0.21

45. Menton; *Vue prise de Caravan.*

H. 0.41 — L. 0.63

46. Un Coin de l'Ile de Gennes; *Maine-et-Loire.*

H. 0.24 — L. 0.19

47. Chemin au Bord de la Vienne.

H. 0.25 — L. 0.19

48. Bateaux de Pêche; *Chouzé sur-Loire.*

H. 0.22 — L. 0.27

49. Sentier dans l'Ile de Saint-Florent-le-Vieil.

H. 0.30 — L. 0.33

50. La Porte Saint-Jacques, a Parthenay.

H. 0.38 — L. 0.55

51. Confluent de la Maine et de la Loire; *près Angers.*

H. 0.38 — L 0.55

52. L'Ile des Rosiers; *Maine-et-Loire.*

H. 0.40 — L. 0.50

53. Le Passeur; *Normandie*.

H. 0.60 — L. 0.92

54. Pêcheur de Truites au Bord du Garbet; *Aulus*.

H. 0.46 — L. 0.55

55. Berge de la Seine, a Saint-Pierre-du-Vauvray; *Normandie*.

H. 0.55 — L. 0.46

56. La Cigale.

H. 1.60 — L. 1.15

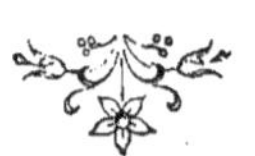

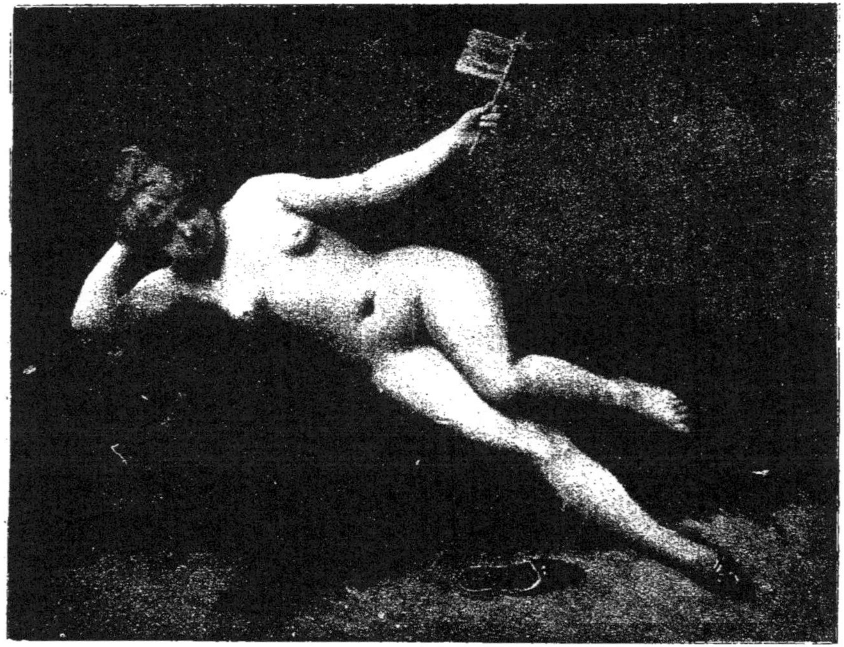

N° 1. — Orientale.

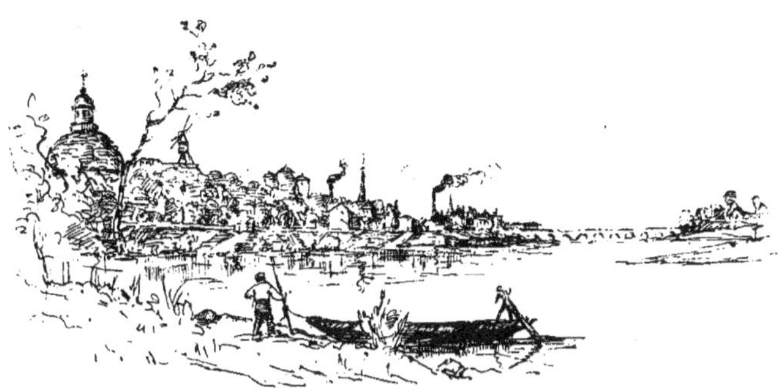

N° 8. — La Ville de Saumur (Vue prise du Pont du Chemin de fer)

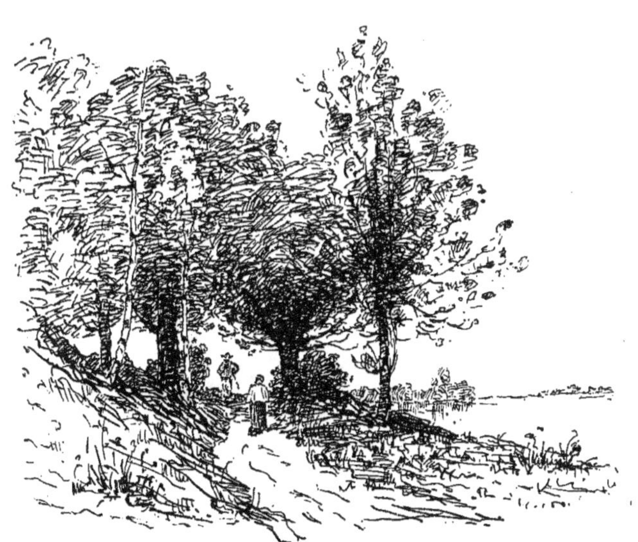

N° 9. — Le Rendez-Vous

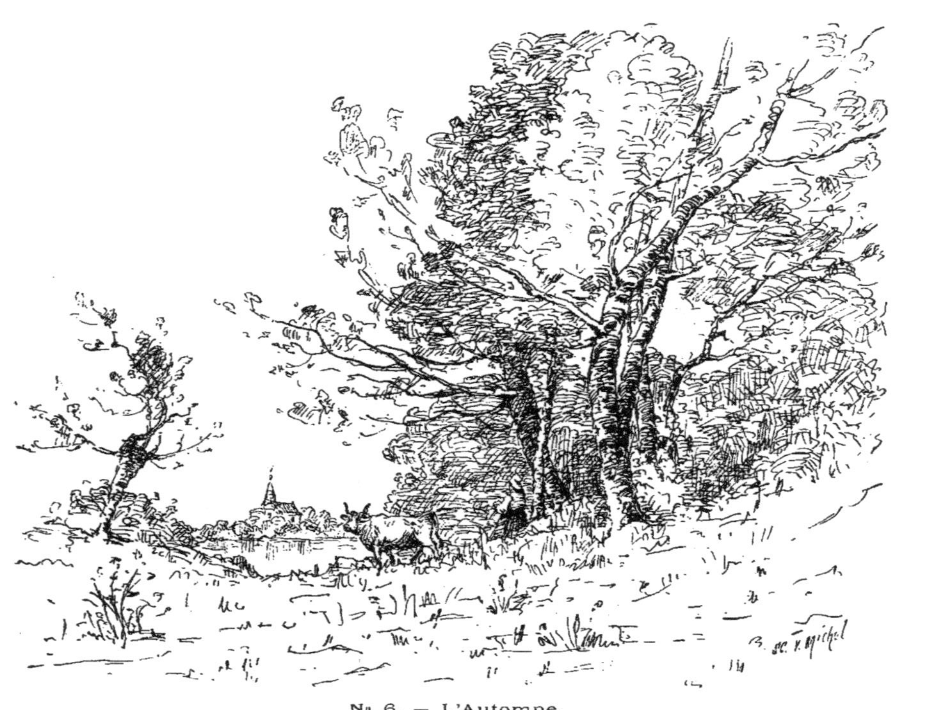

Nº 6. — L'Automne.

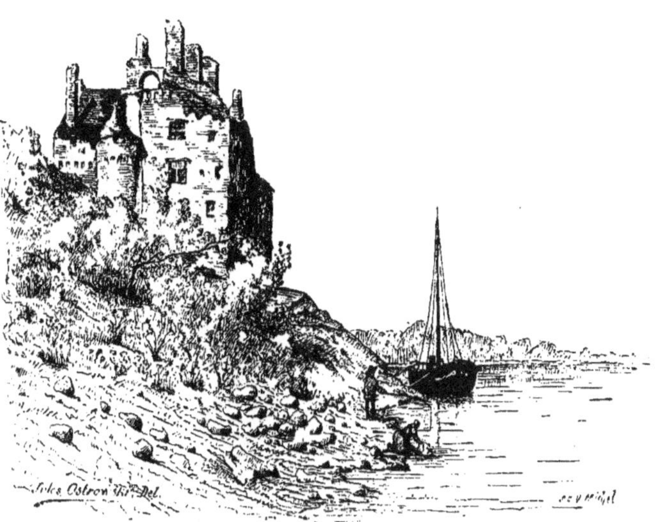

N° 26. — Le Château de Montsoreau.

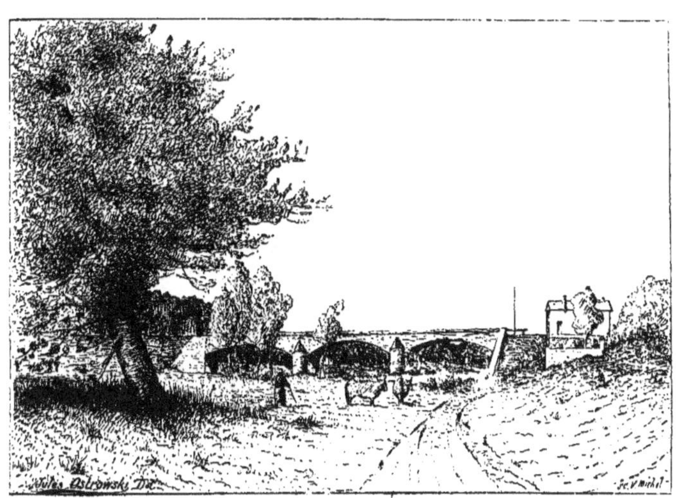

N° 30. — Le Pont Fouchart, à Saumur.

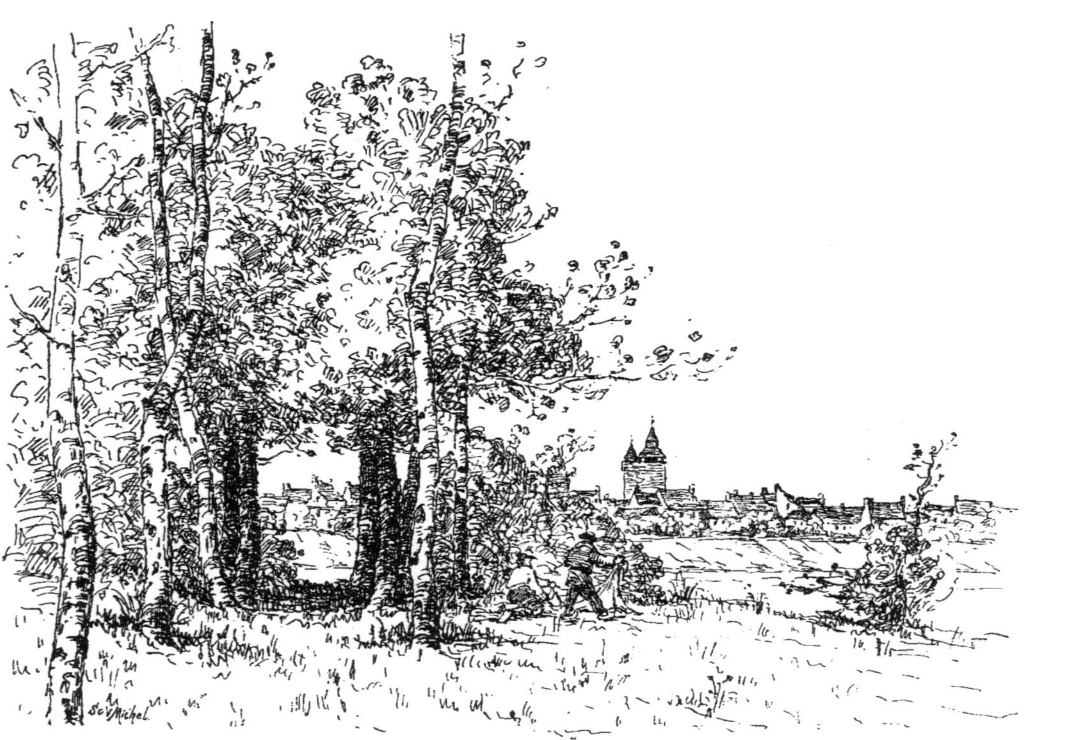

N° 11. — Les Rosiers (Vue prise de l'île de Gennes).

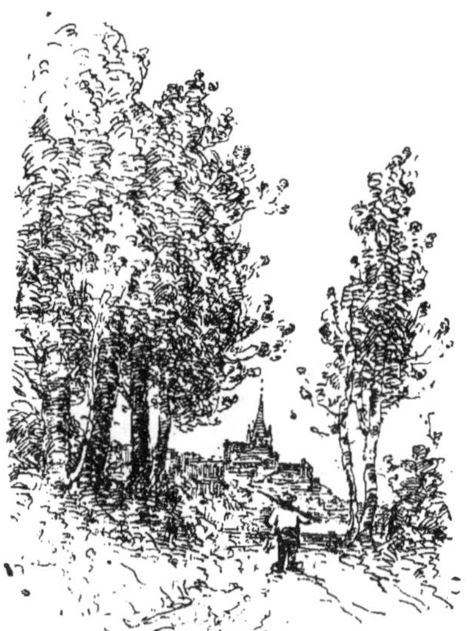

N° 22. — Le Soir (Environs de Domfront).

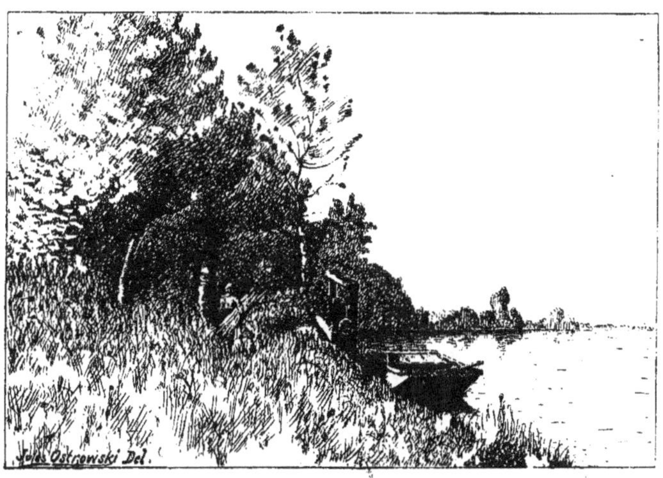

N° 12. — Digue à Fresnay-sur-Sarthe.

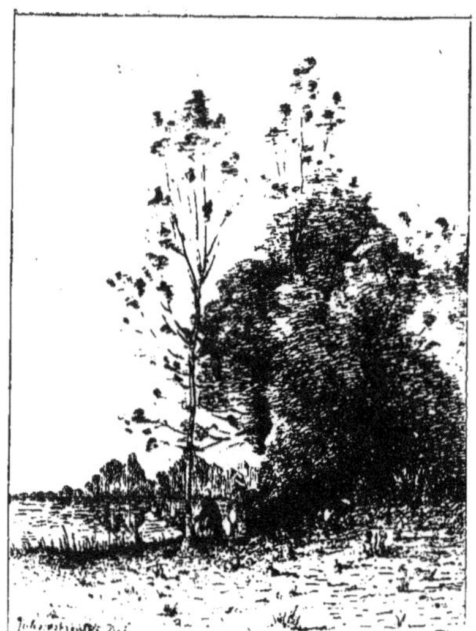

N° 21. — Laveuses au bord de la Loire.

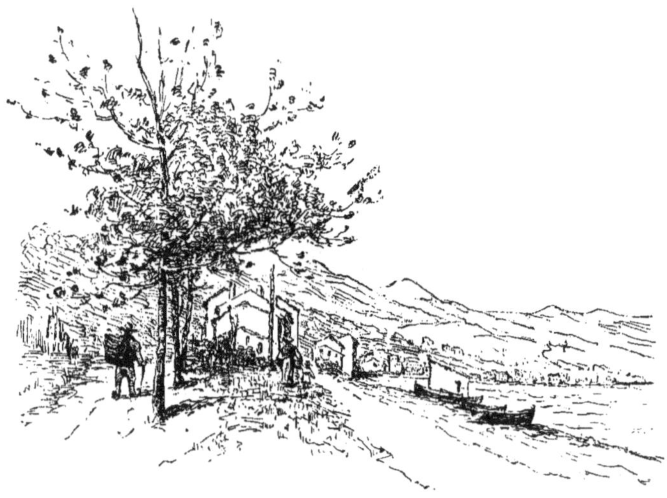

N° 33. — Nice (Vue prise de la Californie).

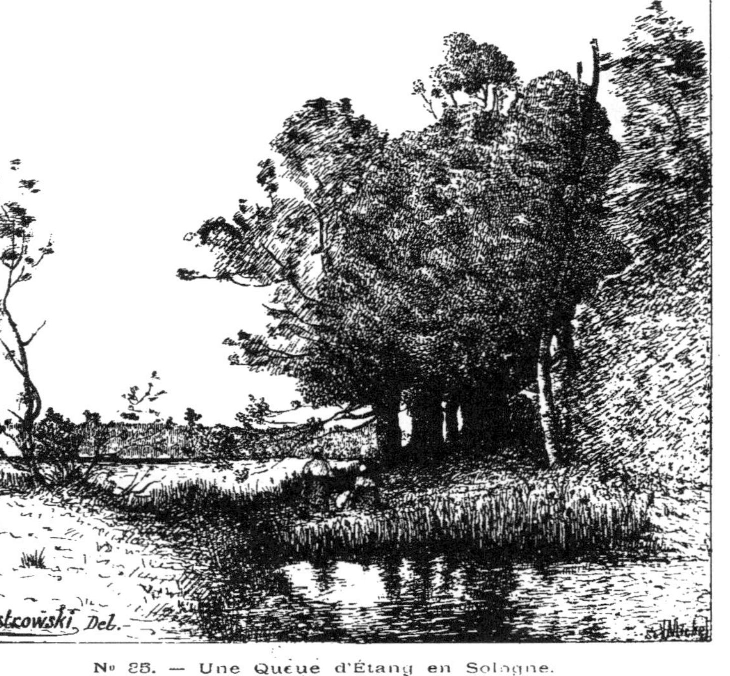

N° 25. — Une Queue d'Étang en Sologne.

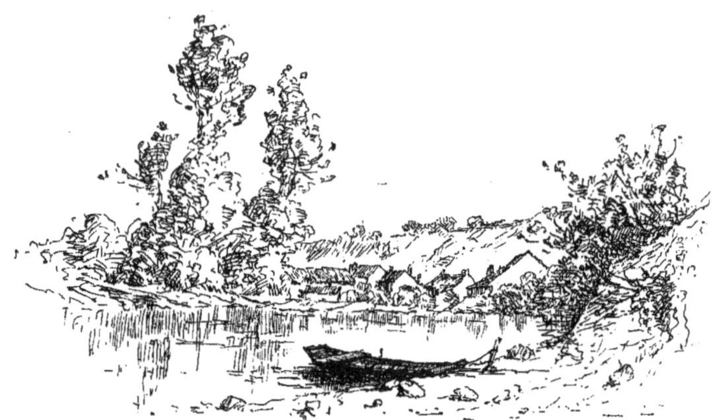

Nº 40. — La Sarthe au Bourg-neuf.

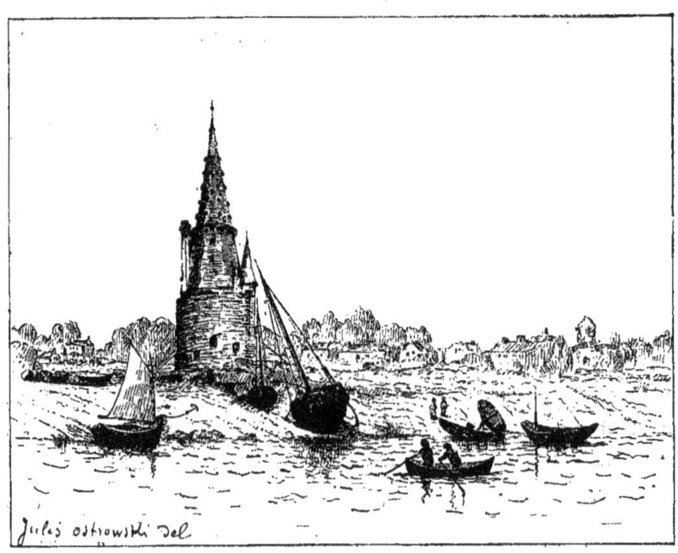

Nº 20. — La Tour des Sergents, à La Rochelle.

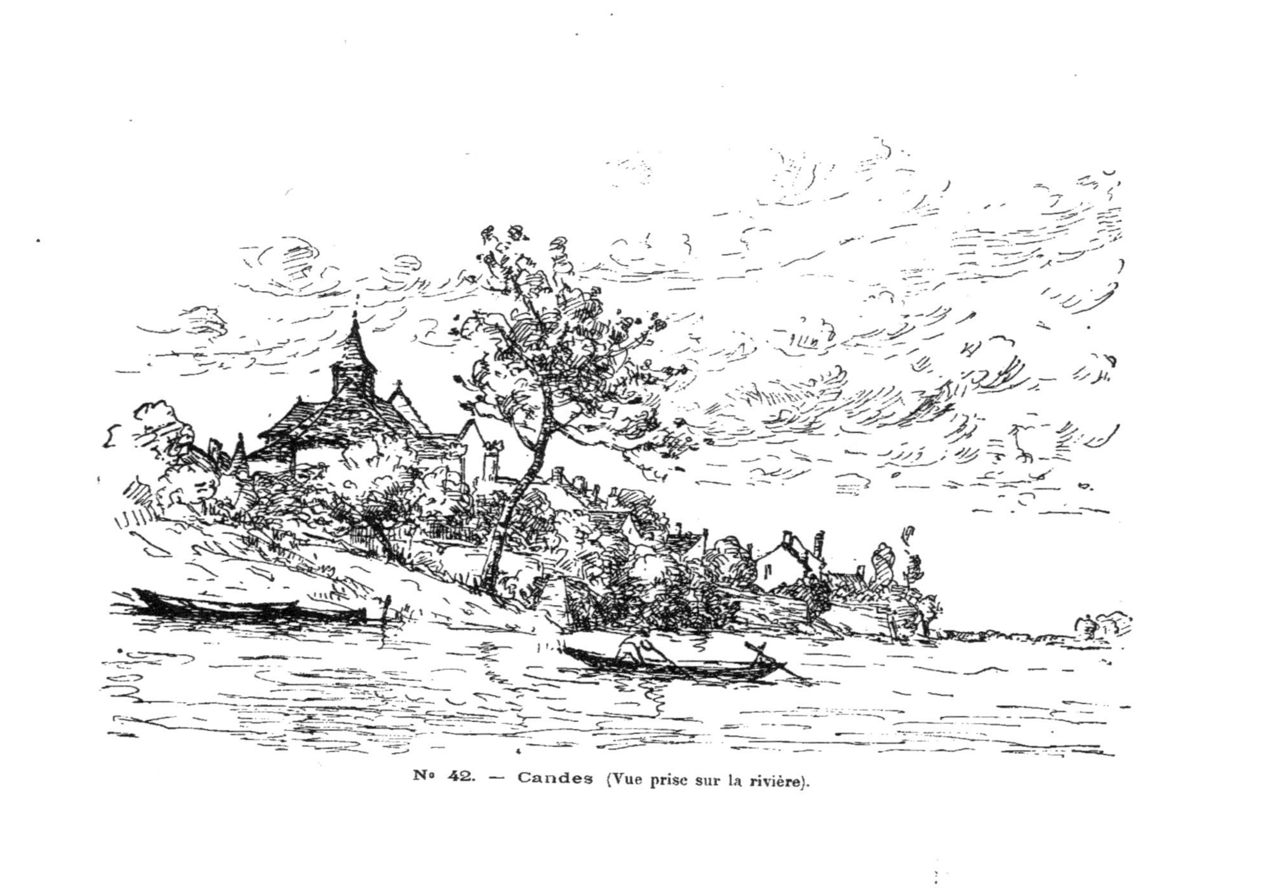

N° 42. — **Candes** (Vue prise sur la rivière).

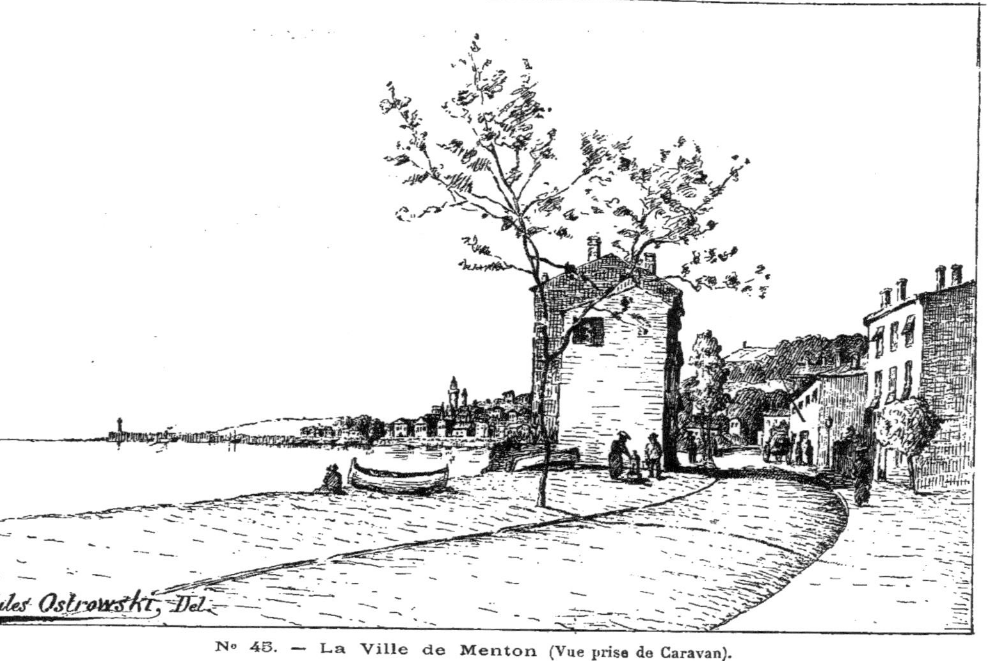

N° 45. — La Ville de Menton (Vue prise de Caravan).

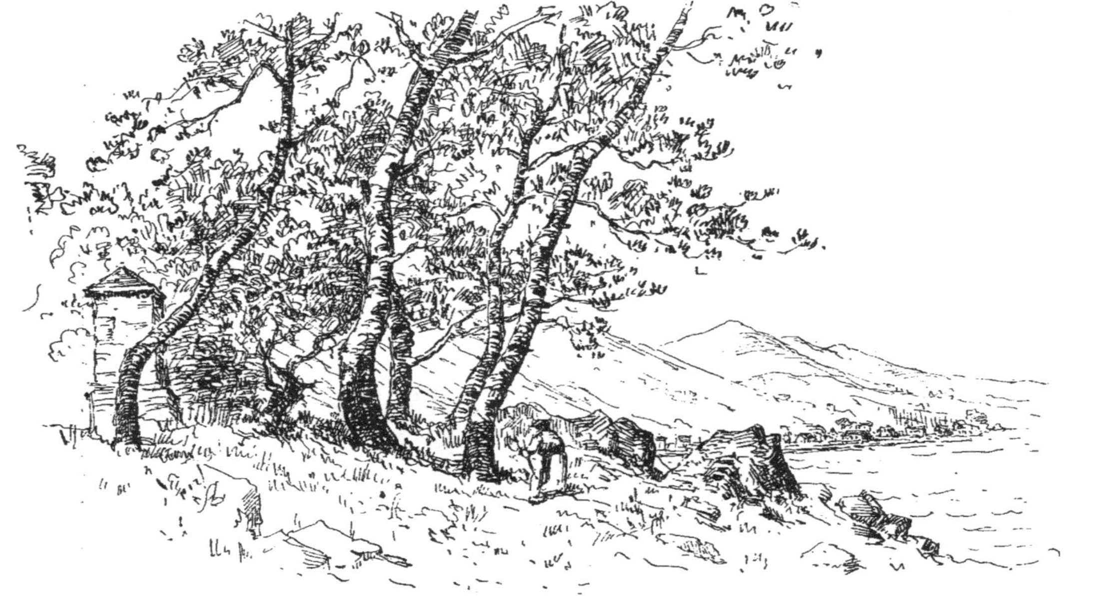

N° 31. — Le Cap Martin (Menton).

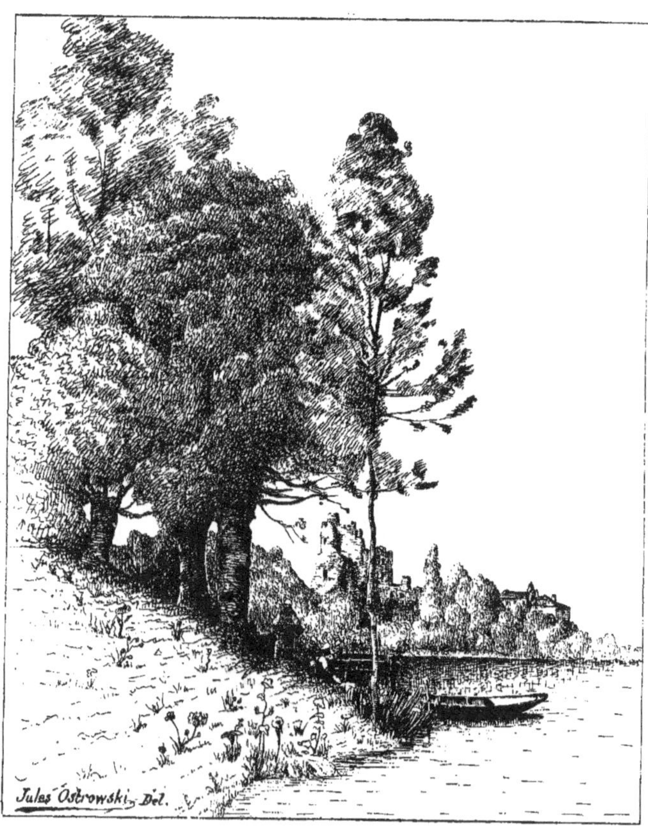

N° 41. — Château en Ruine au bord de la Vienne.

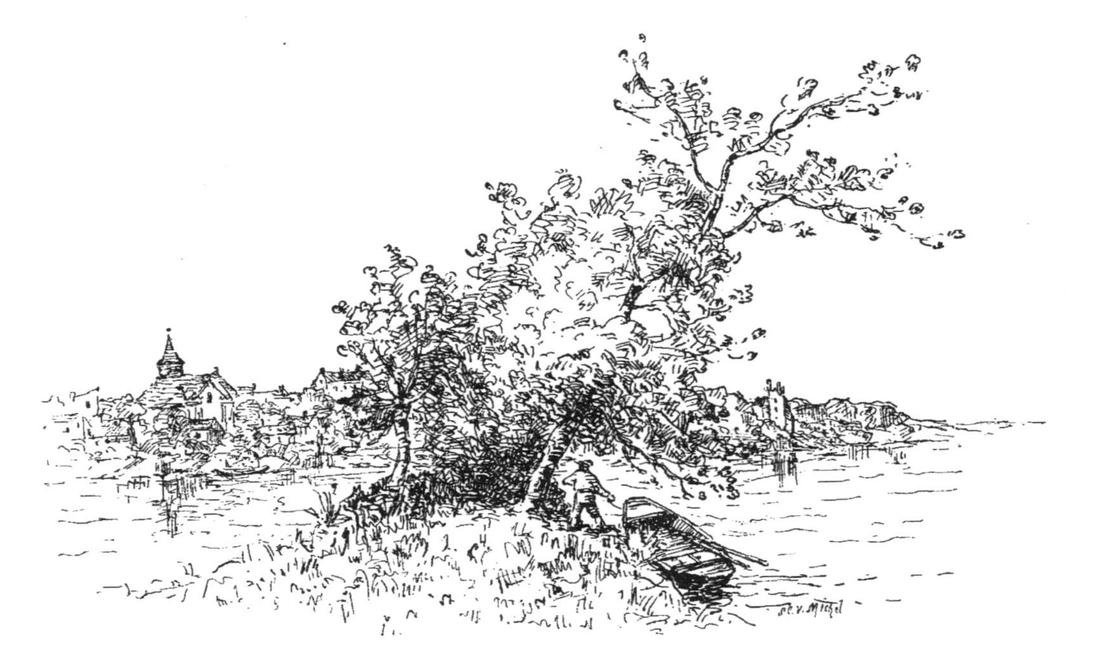

N° 43. — Une Digue sur la Loire, à Candes.

PARIS. — IMP. DE LA PRESSE, 16, RUE DU CROISSANT. — CH. SIMONOT.

www.ingramcontent.com/pod-product-compliance
Lightning Source LLC
LaVergne TN
LVHW010305230826
846091LV00007BB/2713

* 9 7 8 2 3 2 9 5 2 3 5 1 4 *